让孩子成为建筑师的灵感启发书

大自然教你造房子

[加] 埃塔·卡纳 / 著 [加] 卡尔·韦恩斯 / 绘 王若绮 / 译

湖南科学技术出版社 小博集 BOOKY KIDS

著作权合同登记号：图字 18-2019-314

图书在版编目（CIP）数据

大自然教你造房子 / (加) 埃塔 · 卡纳著 ; (加) 卡尔 · 韦恩斯绘 ; 王若绮译 . — 长沙 : 湖南科学技术出版社 , 2020.4
ISBN 978-7-5710-0476-7

Ⅰ . ①大… Ⅱ . ①埃… ②卡… ③王… Ⅲ . ①建筑设计—工程仿生学—少儿读物 Ⅳ . ① TU2-05

中国版本图书馆 CIP 数据核字（2020）第 016466 号

上架建议：少儿科普

DAZIRAN JIAO NI ZAO FANGZI
大自然教你造房子

著　　者：［加］埃塔 · 卡纳
绘　　者：［加］卡尔 · 韦恩斯
译　　者：王若绮
出 版 人：张旭东
责任编辑：林澧波
策划出品：小博集
策划编辑：张亚丽
特约编辑：李珊珊
版权支持：辛　艳
营销支持：史　岢　付　佳　李　秋
版式设计：利　锐
封面设计：利　锐
出　　版：湖南科学技术出版社
（湖南省长沙市湘雅路 276 号 邮编：410008）
网　　址：www.hnstp.com
印　　刷：天津图文方嘉印刷有限公司
经　　销：新华书店
开　　本：640mm × 955mm 1/8
字　　数：47 千字
印　　张：6
版　　次：2020 年 4 月第 1 版
印　　次：2020 年 4 月第 1 次印刷
书　　号：ISBN 978-7-5710-0476-7
定　　价：48.00 元
若有质量问题，请致电质量监督电话：010-59096394
团购电话：010-59320018

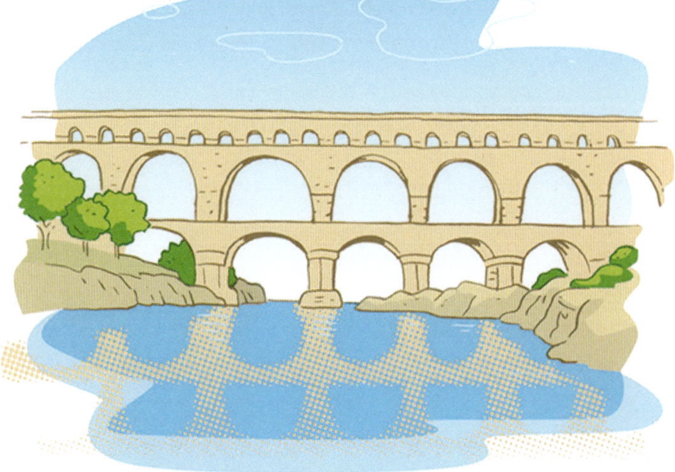

小博集·小小探索家

前面的动植物让你设计出了什么样的仿生建筑？
其实已经有建筑师
从这些动植物身上获得了灵感，
设计出了各种独特的建筑。

你的设计有超过它们吗？
下次在看到各种建筑的时候，你或许可以试试用建筑师思维去欣赏它们。

竹子——台北101大楼

棕榈树——迪拜棕榈岛

扇贝——珠海大剧院

马蹄莲——武汉新能源研究院

眼睛——西班牙艺术科学城天文馆

建筑师思维

从建筑的形态、结构、使用材料、色彩搭配、空间尺度、环境场所、文化脉络等多角度去看待和分析建筑，是一种系统的、综合的思维能力。

《大自然教你造房子》

所有的建筑难题都可以从大自然中找到解决方案，所有的生活难题都可以从思维方式中找到解决方案。

加拿大儿童中心
“最佳儿童和青少年图书奖”

人的思维方式决定他的人生高度

知识，只有当它靠积极的思维得来，而不是凭记忆得来的时候，才是真正的知识。——列夫·托尔斯泰

思维是可以学会的，只要找到训练方法。
我们致力于帮孩子挑选训练思维能力的科普书，帮助他成长为具有独立思考能力的大人，让他在人云亦云的世界里保持理智，清醒地掌控自己的人生。

系统思维

只有运用系统思维，才能抓住整体，抓住要害，不失原则地采取灵活有效的方法处置事务。

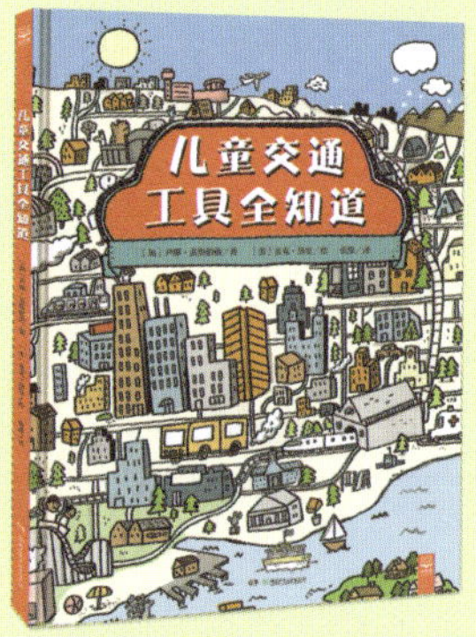

《儿童交通工具全知道》
一本被书名耽误的好书，它不是教孩子认识交通工具，而是教孩子规划城市交通系统，训练孩子的系统思维。
（美国银行街教育学院年度最佳儿童读物）

工程师思维

把大问题分解成小问题，找出小问题的解决方法，再把小问题的解决方法综合起来，形成大问题的解决方案。

《小小工程师》
这本书讲的不是小工程师的绘本故事，而是人人都需要掌握一点的工程师思维，学会了就能解决生活中80%的事。
（中国童书榜100佳童书）

批判性思维

保持思考的自主性和逻辑的严密性，获得不被动地全盘接受的能力。

《我的垃圾去哪儿了？关于垃圾分类和再生的一切》
为什么要给垃圾分类？我知道是为了节约资源和保护环境，但我不信只将垃圾分类就能做到，你觉得呢？
（绿色地球图书奖）

科学发现思维

生活中的一切都蕴含着科学原理，掌握发现方法的人就能进入科学的殿堂。

“妙趣科学课”（全15册）
吃糖、坐过山车、玩游戏，都能学到科学知识，娱乐和游戏不只能让人快乐，也能让人进步。
（中华优秀科普图书奖）

地理思维

拥有地理思维的人，脑袋里有一张清晰的地图，不仅是地理的，也是人生的。他用上帝视角审视自己，从容规划。

“航拍中国　给少年的中国地理书”
（全5册）
从空中视角看中国地理，也是在看自己生而为人的力量。知地理者，行天下。
（《航拍中国》纪录片官方独家授权图书）

数学思维

数学是所有科学的基础，数学思维能解决学习和生活中的大部分问题。

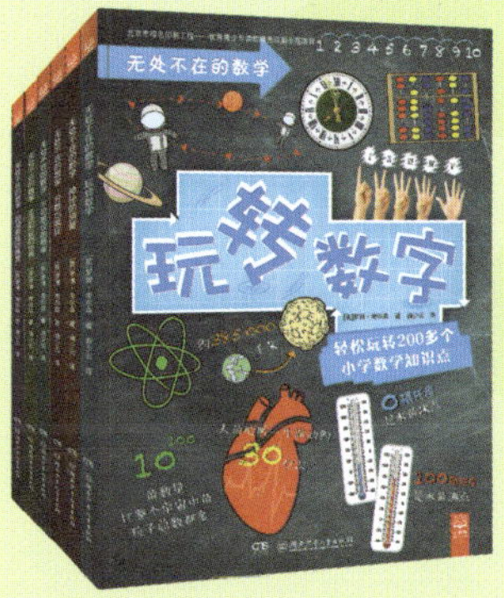

“无处不在的数学”（全6册）
天才和学霸的背后，不是智商，而是数学思维。这套书教孩子打开用数学思维看世界的方法。
（得到App签约数学讲师推荐）

创新思维

动手能力强的孩子大多比较聪明，因为实际操作能激发创新思维。

“剪了这本科学书”（全3册）
这套书不仅可以读，还可以剪了做实验。完成一个模型，就把一个科学知识变成了自己的。
（入围英国科学教育协会2016年度图书奖）

“玩出来的科学”（全3册）
理解不了枯燥的科学原理？那就动手做个实验去验证它！自己得出来的结论，才是最有用的。
（英国伦敦科学博物馆编著）

宇宙思维

一个人可以从自己的角度思考，也可以从别人的角度思考，甚至可以从整个人类的角度思考，这时他就到了超越时空的高度。

《这就是宇宙吗？给孩子的宇宙探索简史》
把你自己想象为整个人类，你从3000年前开始探索宇宙，到今天已解开了宇宙的大部分谜团，但你仍在问自己：这，就是宇宙吗？
（鹦鹉螺图书奖金奖）

大自然教你造房子

让孩子成为建筑师的灵感启发书

看看这些动物和植物，发挥你的想象力，
设计你自己的仿生建筑吧！
博物馆、摩天大楼、
体育场、歌剧院、会议中心……
或者是你想要的家。

你身边的动植物

目录

灵感来自大自然

当听到“自然”这个词时，你会想到什么？大树和小草，还是小鸟和昆虫？你会想到房屋或桥梁吗？大概不会吧。毕竟，它们都是人类用混凝土和钢铁建造出来的有棱有角的建筑物。但是，如果我告诉你，在自然和建筑结构之间有着很大的关联，你会不会感到非常吃惊呢？

实际上，很多建筑师都会从大自然中找灵感，来解决他们工作中的难题，一些绝妙的解决方法就是他们在大自然中发现的。比如，受到仙人掌的启发，建筑师用较少能源就可以为建筑物降温；再比如，他们根据一种草的根，设计出了一座抗震性很强的桥。

还有些建筑师因为发现了大自然中某些相似的现象，做出了设计方案。例如，为了预防可能出现的洪水，他们让建筑物和整个小区都漂浮在水上，就像水上植物一样。

建筑师在设计建筑结构时，也会思考自然法则。自然法则是大自然遵循的规则。例如，自然可以循环，大自然从不会浪费任何一种物质，同时大自然中充满了曲线和图案。遵循这些法则，你会发现一些不可思议的结构。

大自然的美丽启发着建筑师。你相信有一个看起来像飞翔的鸟儿的博物馆吗？还有一栋像蛇一样的公寓？

在这本书中，你会认识一些天才建筑师，他们都是在大自然的启发下设计出了精妙绝伦的房屋和桥梁。另外，别忘了看看书里炫酷的实验，你也可以亲手设计属于自己的房屋和桥梁——当然，是在大自然的启发下！

到大自然中找灵感

你觉得可以用动物和植物的奥秘来设计房屋或桥梁吗？当然可以！很多建筑师都会到自然世界来找灵感，以解决他们在工作中遇到的难题，因为他们意识到大自然有着更好的做事方法，而且通常不需要消耗大量资源。这种建筑方法叫作仿生。一起来看一看吧！

湿地的模仿者

想象你正在参观一片湿地。在这里，你可能会看到芦苇、莲花、蜻蜓、鸭子、青蛙或苍鹭，不过你大概看不到水面下，那里的黑色淤泥里生活着一些活的、腐烂的植物。听上去是不是很恶心？但是正是它们启发了“活机器”的发明者。“活机器”是北美一些建筑物用来净化和节约水资源的系统。

“活机器”的发明者知道湿地可以像过滤器那样净化污水。当酸雨、化肥和动物粪便之类的污染物进入湿地时，湿地中的植物会吸收一部分污染物。剩下的污染物进入湿地底部，又会被细菌吞噬掉。这样流出湿地的水就会比流入湿地的水干净多了。

“活机器”的运作原理与湿地相似。它是由一组巨大的水槽组成的。水槽里装满了水，混合着植物、蜗牛、蛤蜊和细菌等。当建筑物中的洗手池和厕所产生的污水缓缓流入水槽时，水槽里的生物就可以饱餐一顿了。等它们“吃”完后，水就会变得很干净，可以再次用来浇花、洗车或者冲厕所。

大胆的想法

根据蝴蝶翅膀和植物叶子总能保持干净的原理，科学家发明了一种涂料。这种涂料的粗糙纹理能让雨滴保持球形，所以雨滴滚落时就可以带走灰尘了。科学家把这种现象称作莲花效应，因为莲叶就是这样保持“出淤泥而不染”的。这种涂料可以让一座大楼的外部表面保持清洁，想象一下这样能节约多少水资源吧！

活机器

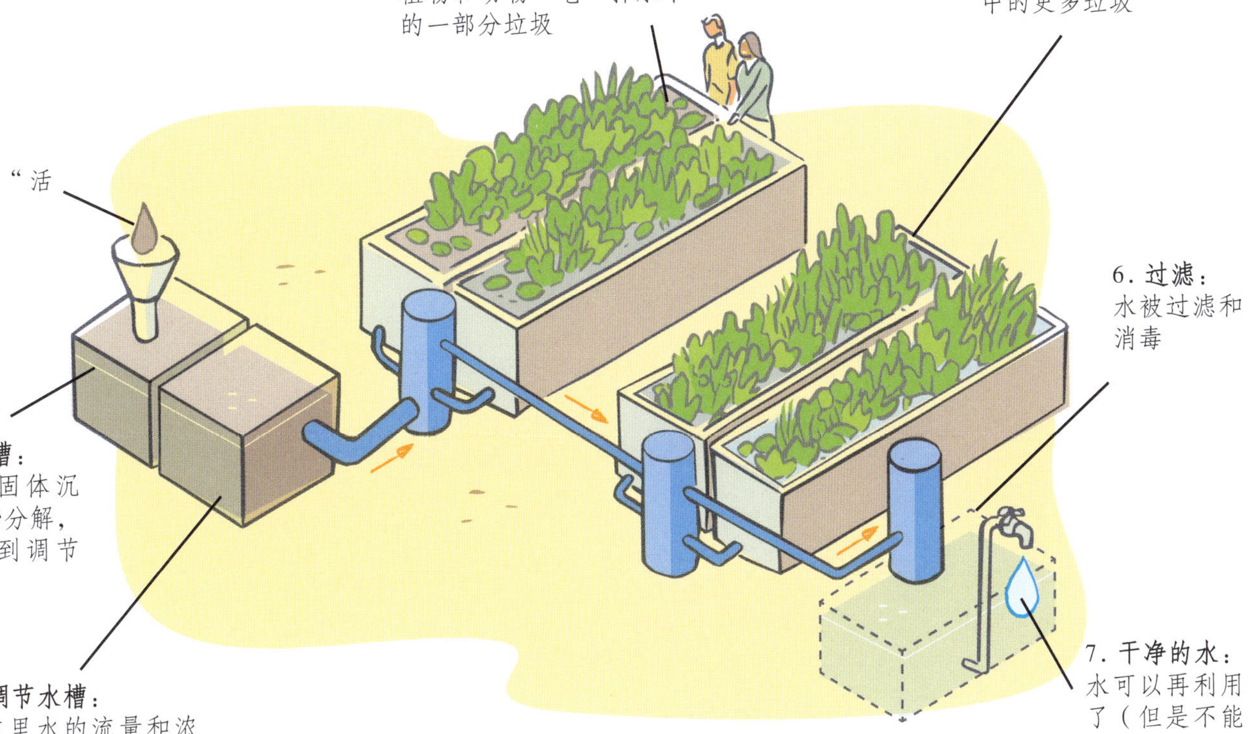

1. 污水：
污水进入“活机器”
2. 初始水槽：
污水中的固体沉淀，并开始分解，水被过滤到调节水槽
3. 调节水槽：
在这里水的流量和浓度变得均匀了
4. 第一阶段：
植物和动物“吃”掉水中的一部分垃圾
5. 第二阶段：
植物和动物“吃”掉水中的更多垃圾
6. 过滤：
水被过滤和消毒
7. 干净的水：
水可以再利用了（但是不能饮用）

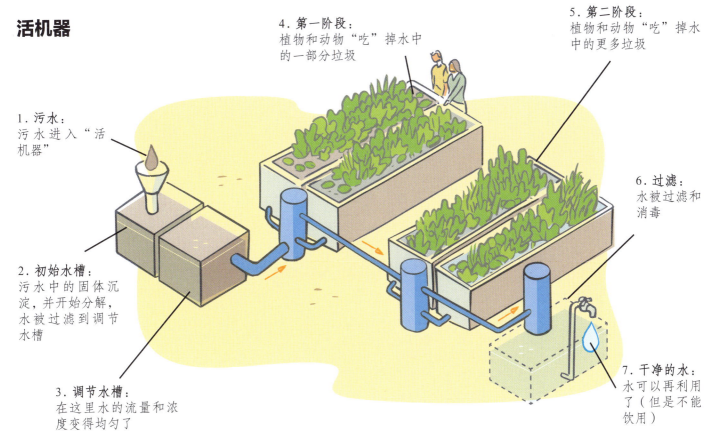

将沙漠变成绿洲

如果你想在沙漠中建一座房子，那么最大的难题之一就是解决缺水的问题——不仅仅是缺少饮用水和清洗用水，还有种植植物的水。不过在纳米比亚雾姥甲虫的启发下，一位聪明的建筑师找到了将部分沙漠变成绿洲的方法。

这种甲虫生活在非洲西南海岸的纳米布沙漠中，不过它很容易就可以找到干净的饮用水。白天，雾姥甲虫通常隐藏在沙子深处。天黑后，它才会钻出沙子。因为它的身体比周围的空气稍凉一些，当海雾被风从附近的海边吹来时，它的后背和后腿就会产生水滴。（这和你冲热水澡时，浴室里稍凉的镜子表面会产生水滴的原理一样。）为了喝到水，雾姥甲虫会将身体前倾，水滴就可以直接流进它的嘴里了！

海水温室正是模仿了雾姥甲虫，也在沙漠中生产出了新鲜的水——足够在温室中种植整整一年蔬菜，还可以浇灌温室外的谷物。这是什么原理呢？在温室的后墙上铺满水管，水管里装满冰冷的海水。当温暖潮湿的空气穿过温室，撞击到冰冷的水管上时，水管外部就会形成水滴，水滴随后就会滴进贮水池里。

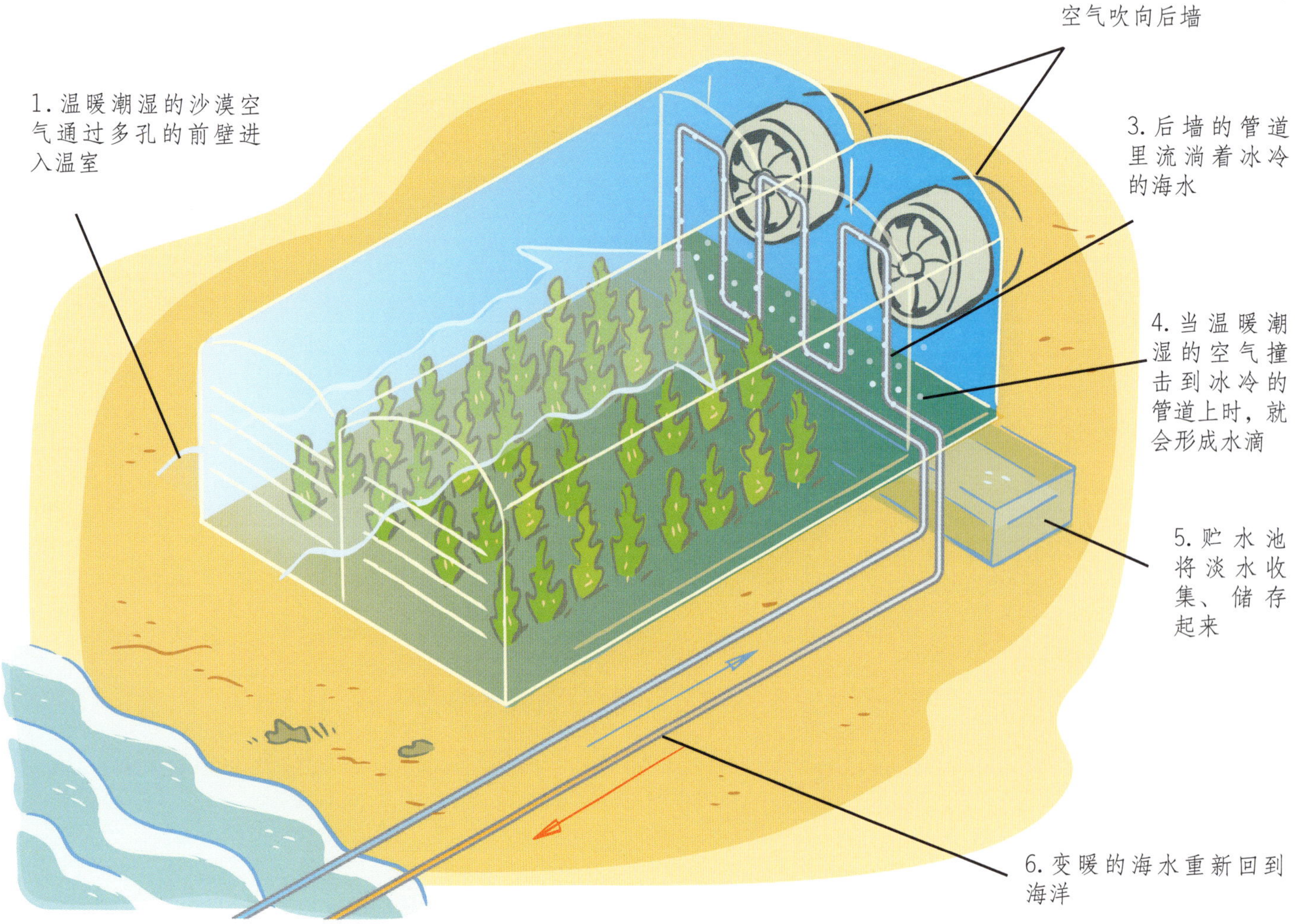

1. 温暖潮湿的沙漠空气通过多孔的前壁进入温室
2. 风扇将温暖潮湿的空气吹向后墙
3. 后墙的管道里流淌着冰冷的海水
4. 当温暖潮湿的空气撞击到冰冷的管道上时，就会形成水滴
5. 贮水池将淡水收集、储存起来
6. 变暖的海水重新回到海洋

模仿甲虫

你可能无法立刻见到一只雾姥甲虫，但是可以试试下面的实验，了解一下雾姥甲虫产水的原理。

你需要准备的东西有：

- 一杯热水
- 一个冰块
- 一个矮一点、粗一点的玻璃杯
- 一个高一点、细一点的玻璃杯

步骤：

1. 将热水倒入矮一点的杯中，约占杯子的四分之三。

2. 将高杯子倒着放入矮杯子中。

3. 将冰块放到高杯子的顶部。

4. 观察高杯子中发生的现象5分钟。

发生了什么？

当热水蒸发的时候，杯子的顶部会充满水蒸气。当水蒸气碰到高杯子顶部贴近冰块的地方时，就会变成水滴。这个过程叫作冷凝。越来越多的水滴聚集在一起，就会形成更大的水滴，它们会变得越来越重，然后顺着杯子的边缘流下。雾姥甲虫和海水温室都是以这种方式获取了新鲜的水。

炎热一点都不好

为了让自己设计的房屋可以保持凉爽，一些建筑师还从大自然中学到了一两个小妙招。

了不起的大树

你听说过城市热岛效应吗？科学家用这个词来描述沥青路、停车场、混凝土建筑物和人行道是如何在白天吸收太阳热量，又在晚上放出热量的。热岛效应使大城市的温度比郊区的温度要高上一些。而这些多出来的热量意味着人们需要更多的空调，也就是使用更多的能源。同时，热岛效应也增加了城市极端天气出现的可能性。

种树是解决热岛效应的一个好办法。树叶能遮蔽建筑物，当水分从树叶上的小孔蒸发时，也可以为周围的空气降温。

受到树叶能降温的启发，日本建筑师设计了一种可以给周围的空气降温的建筑物。NBF 大崎大厦东侧的外墙布满了水平运行的多孔管（管道上有很多小洞），屋顶收集到的雨水沿着管子流下。当阳光照射下来时，被加热的雨水会通过管子上的小孔蒸发，使建筑物外部的温度降低。而室内气温也会变低，空调所消耗的能源就会减少。想象一下，如果整座城市遍布了这种建筑物，就可以给整座城市降温了！

NBF 大崎大厦位于日本东京。雨水从多孔的管道里蒸发，降低了大厦的外部温度

建筑师：株式会社日建设计

巨人柱仙人掌上垂直的褶皱可以使它的茎保持阴凉和干爽

凉爽的峡谷与耐热的仙人掌

在设计亚利桑那州的保健科学教研大楼之前，建筑师曾直奔附近的索诺拉沙漠。这是为什么呢？原来他们想观察沙漠中的动物和植物是如何适应恶劣气候的。要知道在这里，夏季白天的气温可达到 40 多摄氏度。下面就是他们的发现：

狭缝型峡谷： 这种又深又窄的峡谷蜿蜒地穿梭在沙漠的岩石之中。狭缝型峡谷阻挡了太阳的直射，峡谷底部比暴露在太阳下的地面更凉快——谷底也是动物们用来躲避沙漠炎热天气的绝佳地点。

巨人柱仙人掌： 这些巨大的仙人掌有着垂直的褶皱（想象一下瓦楞纸板的内部），它们可以产生阴影，从而保护茎不受沙漠阳光的炙烤。

结合这两种自然特征，建筑师找到了战胜炎热的方法。他们让一种类似于“峡谷”的墙壁穿过六层楼高的大楼的中心，这样就可以形成阴影，而自然光仍然能照射进去。同时大楼的外部覆盖着一层带有褶皱的铜，可以减少太阳对大楼的直射。这和巨人柱仙人掌的褶皱可以保护它不受太阳直射是一个原理。

亚利桑那州的保健科学教研大楼的设计是受沙漠中自然现象的启发

建筑师：CO 建筑师事务所

建筑的力量

如果你想设计一座房子或一座大桥，你大概会考虑如何将它建得更牢固耐用。建筑师通常会使用混凝土、钢铁和玻璃之类的材料。有时他们也会在大自然的帮助下，找到使用这些材料的最佳方法。

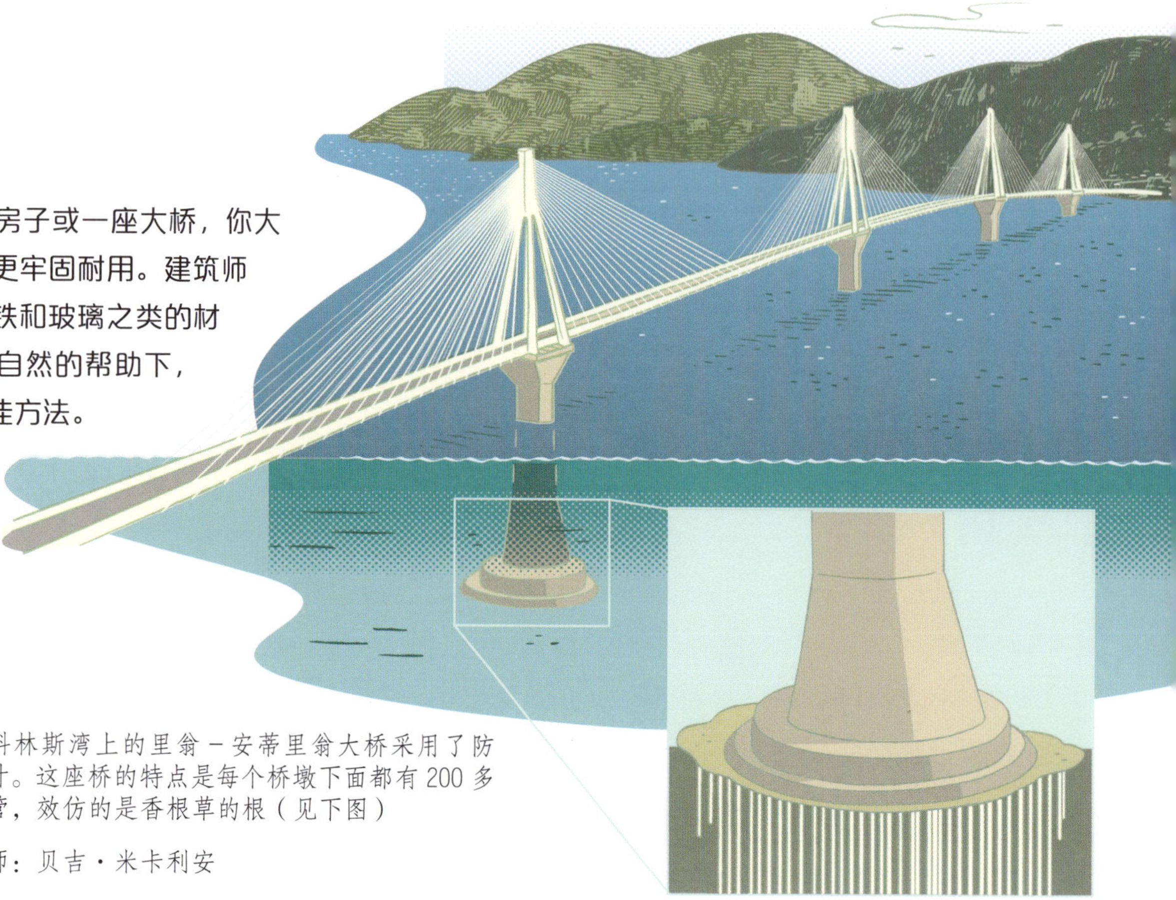

希腊科林斯湾上的里翁－安蒂里翁大桥采用了防震设计。这座桥的特点是每个桥墩下面都有 200 多根钢管，效仿的是香根草的根（见下图）

建筑师：贝吉·米卡利安

作为一座桥，怎么在地震中幸存

在活跃的地震带建造一座 2.25 千米长的桥，还要让它横跨海床可不是一件容易的事。尤其是在地面不够坚固——只有几百米高的沙子的情况下，事情就变得更加困难了。而这些正是建筑师在希腊的科林斯湾上建造里翁 - 安蒂里翁大桥时所遇到的问题。

当湿沙子被摇动时（例如地震时），沙子就会变得像液体一样。所以如何把起支撑作用的桥墩放入湿沙子是一个巨大的困难。建筑师们最终通过一种草——香根草——的根找到了解决方案，这种草非常特别。

香根草的根能长到五六米长，可以把河床上的土壤固定住，以防自己被水冲走。受到这些根的启发，建筑师使用了空心钢管，每根钢管都有 8 层楼那么高，然后把它们打入每个桥墩下面的海床里。每 200 多根钢管为一组，每组钢管上都铺有碎石和地基。当地震发生时，这些钢管可以稳定海床上的沙子，防止沙子变得像液体一样。这样桥梁和上面的人都会很安全。太不可思议了！

“小黄瓜”（不是吃的那种黄瓜）

建筑师诺曼·福斯特设计的黄瓜造型的大楼在全世界都非常有名。但“小黄瓜”大楼的灵感实际上来源于生活在海底的一种奇怪的动物，而不是真的黄瓜。

偕老同穴海绵没有内脏和大脑，只有一个中空的圆柱形海绵骨架，海绵骨架上是网状或十字形的图案。这种网状图案是由许多三角形组成的，可以帮助它承受水流的压力。

福斯特以偕老同穴海绵为模型，将成千上万块三角形和菱形的玻璃放置在钢筋框架中，设计出了“小黄瓜”大楼的网状图案。为什么要选择三角形和菱形呢？因为三角形可以在外力作用下保持不变形，它是最坚固的形状；而菱形的两端则可以用来镶嵌三角形。除此之外，当很多三角形拼接在一起时，它们就形成了弧面。这样就可以防止强风，因为强风经常出现在高大笔直的建筑物底部，令行人难以行走。

闻名于世的英国伦敦的“小黄瓜”大楼与黄瓜外形相似，它的设计灵感来源于偕老同穴海绵（见左图）

建筑师：诺曼·福斯特

节约能源

关心环境问题的建筑师会设计一些节约能源的房屋。不过建造这种房屋可不简单，建筑师有时候需要从最不寻常的地方找到灵感！

白蚁塔

如果你去南非旅行，你可能会看到两三层楼高的白蚁塔。在这些用土堆成的塔内，白蚁通过吐口水和排便建成了弯弯曲曲的隧道。许多年来，科学家们都认为这些隧道可以帮助整座塔保持凉爽，因为隧道可以使自然上升的热空气穿过它们，从塔的顶端排出。而建筑师米克·皮尔斯就受到了白蚁塔的启发，在澳大利亚的墨尔本设计了一个节能的办公大楼。

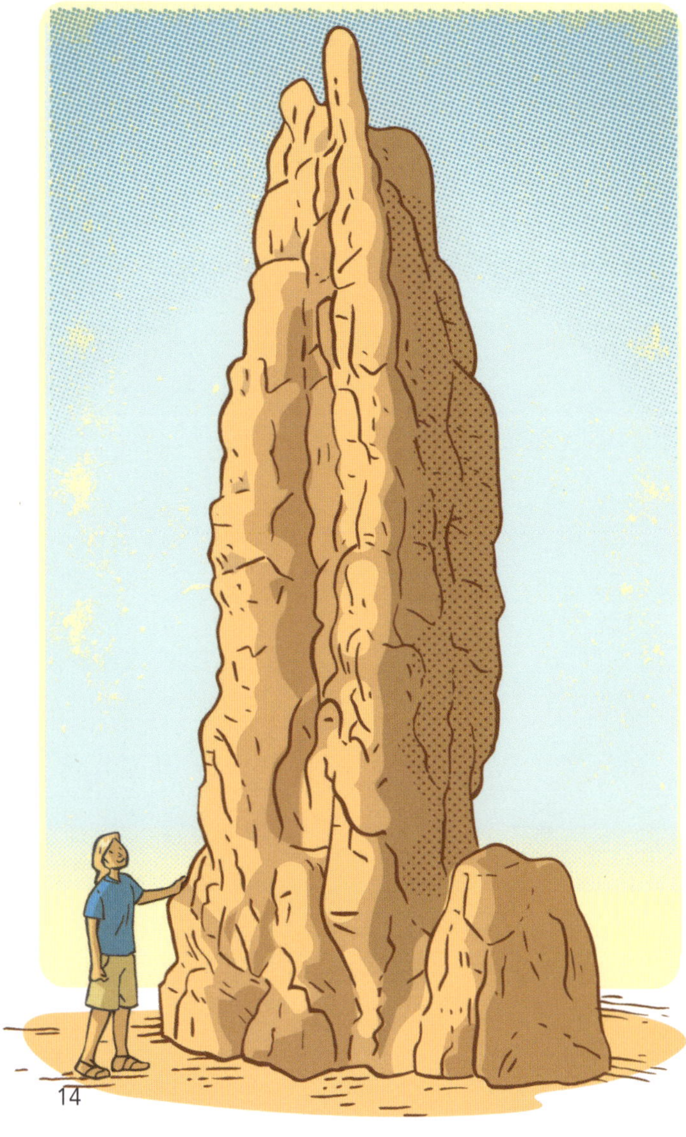

夜晚，当一侧的自动百叶窗打开时，这座10层高的办公大楼就会自动降温。冷空气从百叶窗进入天花板上方的空间——这个地方全天都在从大楼里吸收热量，将暖空气从通风孔中排出。同时冷空气逐渐给天花板降了温，使天花板第二天还可以继续吸收热量。

澳大利亚墨尔本的市政府2号办公楼，灵感来源于非洲的白蚁塔（见左图）

建筑师：米克·皮尔斯

啊哦！

科学家现在发现白蚁塔的工作原理与肺相似：二氧化碳通过外壁的小孔被推到外面，氧气则通过同样的方式进入塔内。建筑师们还在不断地设计类似的大楼，以节约更多用于降温的能源和资金。看来我们仍然可以从大自然中学习，即使有时候我们根本不知道它的工作原理是什么！

保持凉爽

当建筑师要为高山植物设计温室时，他们遇到了一个巨大的难题：怎么才能在英国伦敦创造出类似山区那种凉爽、干燥、多风的环境呢？如果不用高能耗的空调和风泵，可以创造出这种环境吗？答案就是模仿白蚁塔。

高山植物温室是一种又高又窄的温室，就像白蚁塔一样。在它的地底下有一个混凝土建造的迷宫。因为迷宫位于地平线以下，它就像地下室一样凉爽。外面的空气会被吸入迷宫。当空气在迷宫中穿梭时，迷宫就会变得更加凉爽。同时凉爽的空气通过管道进入温室，还会将暖风从屋顶的通风口吹出去。

英国伦敦的高山植物温室利用仿生学，创造出了山区环境

建筑师：威尔金森·艾尔建筑事务所

大自然总是第一个想出好主意

建筑师常常需要解决设计上的问题。但在想出问题的解决方案之后，他们有时会发现大自然早就想出了问题的答案。

与水共同生活

如果你居住在荷兰，你必须学会与水共同生活。这个国家的大部分地区都与海平面齐平或低于海平面，而且经常暴发大洪水。为了帮助荷兰人，一些建筑师设计出了水陆两栖房屋。这些房屋通常矗立在干燥的陆地上，但是必要的时候也可以漂浮在水上。

荷兰的水陆两栖房屋的底座（地基）是由防水盒子制成的，里面装满了塑料泡沫，可以漂浮起来。房屋被滑环固定在两根一组的钢柱上，钢柱被固定在地面上。当洪水来袭时，房子随着水位升高，不会漂走。当洪水消退时，房子就会重新落回地面。

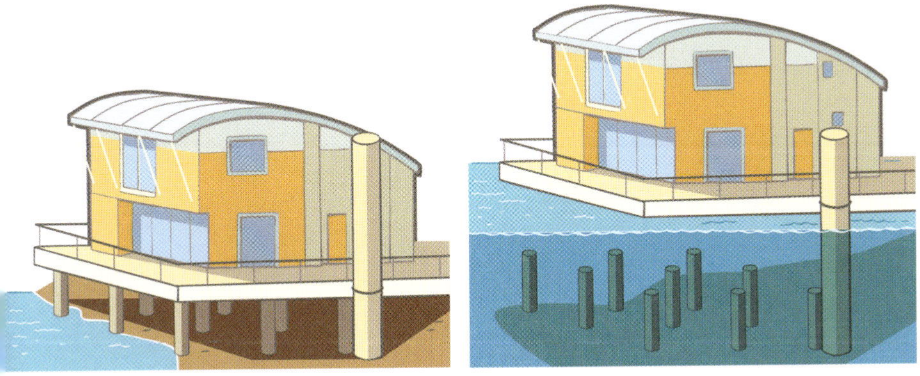

荷兰的水陆两栖房屋会随着水位升高或下降

建筑师：科恩·奥瑟斯

这是一个聪明的主意，但是……是大自然先想到这个主意的。很多水生植物的叶子，比如莲叶，叶脉里充满了空气，可以帮叶子浮在水面上。水生植物的叶柄（花梗）也非常长，可以扎根在池塘的底部。当水位升高时，叶柄就伸展开，使叶子漂在池塘的表面。

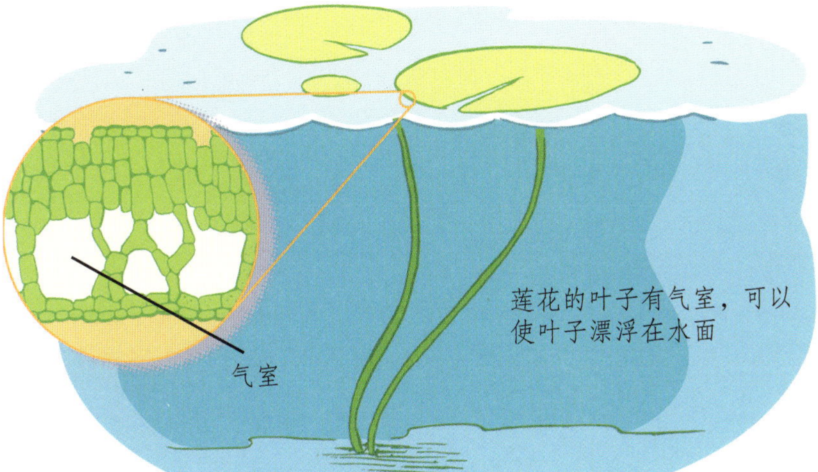

莲花的叶子有气室，可以使叶子漂浮在水面

认识建筑师
科恩·奥瑟斯

科恩·奥瑟斯能成为一位在水上盖房子的建筑师，一点都不奇怪。他的父亲是一位建筑师，母亲出身于造船世家。而且，奥瑟斯生活在荷兰——一个不断与上涨的海水做斗争的国家。

不过奥瑟斯并没有与水做斗争，而是选择与水合作。怎么合作呢？他建造了可以在水上漂浮的房子、公寓，甚至整个街区。它们不会沉底的底座是由装满塑料泡沫的巨大盒子制成的。

奥瑟斯设计这样的建筑结构，是为了应对洪水和随气候变化而出现的海平面上升问题。而且这个方案也可以在拥挤的都市创造出新的生存空间。

不过奥瑟斯的水上项目也不都是实用的。他还在挪威建造了一个看起来像雪花的可漂浮宾馆，在马尔代夫建造了一个可漂浮的观光景点。这个景点是一个有着 18 个球洞的高尔夫球场！

让它暖和起来！

你知道你们学校是怎么供暖的吗？如果是用化石燃料（一种不可再生资源，如煤、石油或天然气）供暖，就会造成空气污染。一些建筑师很关注空气污染问题，正在尝试设计一种不污染环境就能供暖的建筑。

有一个叫罗尔夫·迪施的建筑师，当他给自己设计房子时，就决定最大限度地使用太阳能。毕竟，使用太阳能不但不会污染环境，还是免费的。他建造了一个有18个面，还可以360度旋转的房子。屋顶上的大型太阳能电池板能单独旋转，可以接收全天的太阳光线。

迪施设计的房子可以转动。因为房子的外墙一半是玻璃做的，一半是木头做的。到了冬天，玻璃的那面就会面向太阳，随着太阳转动而吸收能量。（这跟在太阳照射下车内气温会逐渐升高的原理是一样的。）到了夏天，隔热的木板那面就会面向太阳，防止阳光进入房子，从而保持室内凉爽。

罗尔夫·迪施设计的房子位于德国弗赖堡，也被称作旋转太阳房

其实北极罂粟也以同样的方式利用了太阳光线。这种杯子形状的花朵需要吸引昆虫来帮助自己进行繁殖。所以，当太阳在天空中的位置发生变化时，它也会跟随太阳移动，从而加热它的花心。而昆虫们也可以一边享用美餐，一边在这些微型“太阳能卫星接收器”上取暖。（在北极的夏日，当太阳永不落山的时候，北极罂粟也会随着太阳转动一整天。）

向日葵也追随着太阳。科学家们还不确定这是为什么，但他们认为可能是为了让昆虫更容易看到花朵，或是为了加快种子的形成。不过科学家可以确定的是，这样做绝对不是为了晒黑！

当太阳在天空中移动时，北极罂粟会跟着太阳移动

请相信桁架

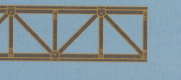

日本的一个建筑师团队遇到了一个大难题。他们需要设计一座大桥，来连通大陆与关西国际机场所在的岛屿。这座桥大约有 4 千米长。一般来说，只有吊桥可以跨越这么长的距离，但是这里离机场太近了，经常有飞机起飞降落，吊桥高耸的索塔和车道也许会带来一场灾难。

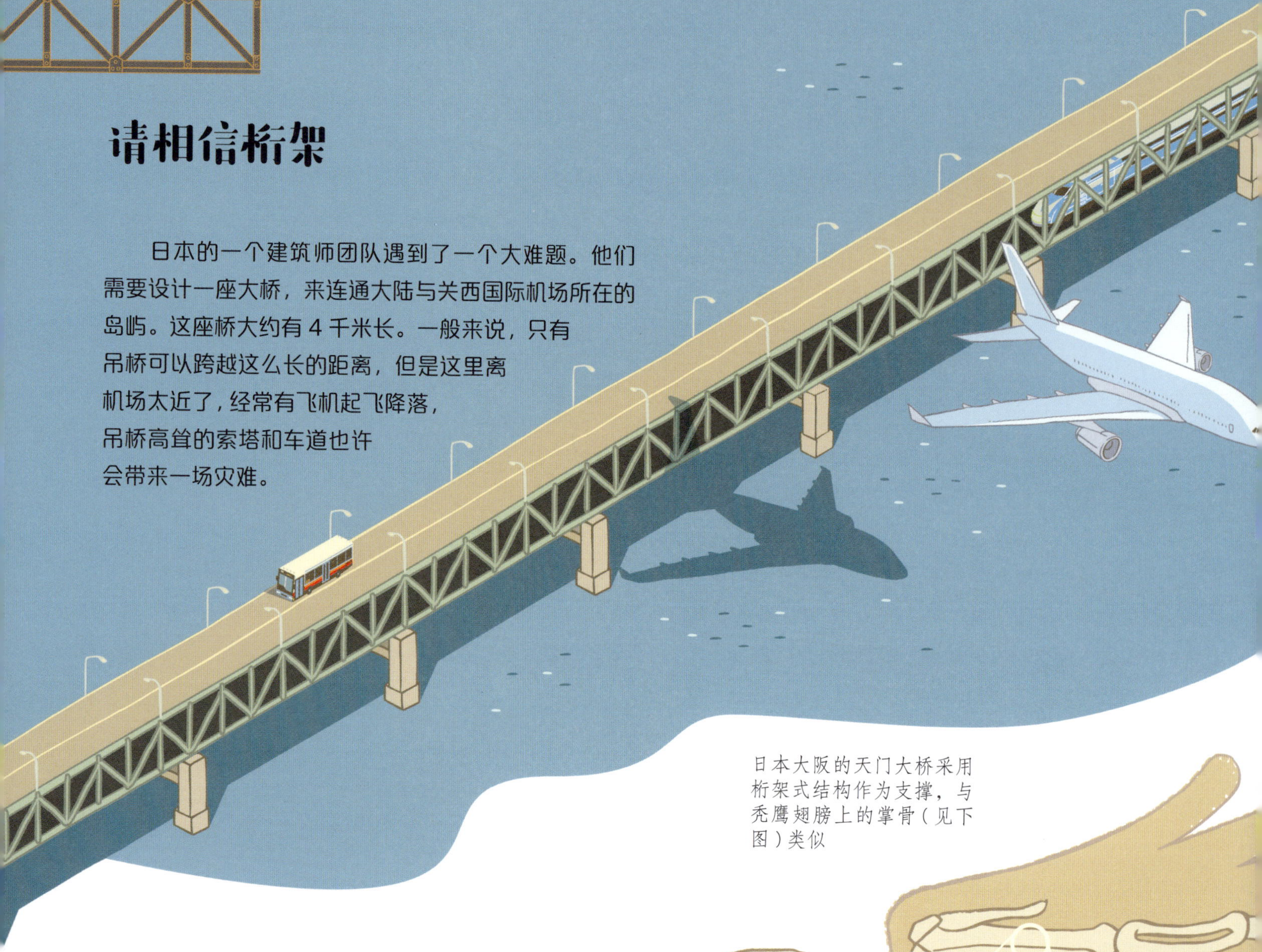

日本大阪的天门大桥采用桁架式结构作为支撑，与秃鹰翅膀上的掌骨（见下图）类似

那么要怎么解决呢？就是建造一座桁架桥——一座用三角形作为支撑的桥。桁架桥足够低，不会挡住低空飞行的飞机。它也非常结实，因为它采用了三角形。而且它比其他大桥的用料都要少，所以建造花费也相对少一些。

天门大桥是一座双层桁架桥，上层是车辆行驶的通道，下层是火车行驶的通道。这座桥采用的桁架是由三角形构成的，可以纵向支撑大桥。

但是……又是大自然第一个想到了这个办法。秃鹰的掌骨中就有三角形的图案。我们人类的掌骨是从手上的指关节到手腕的骨头。秃鹰的掌骨在它的翅膀中，比我们的掌骨要长得多。就像三角形在桁架桥中的作用一样，秃鹰翅膀中的骨头为三角形结构，可以使它的翅膀非常有力，同时又非常轻盈，适合飞行。

桁架测试

按照下列步骤，了解桁架桥到底有多牢固。

你需要准备的东西有：

· 建模黏土

· 2 摞书，大约 20 厘米高

· 2 张硬纸板，每张宽 30 厘米，长 15 厘米

步骤：

1. 制造 10 个或者更多个直径 2.5 厘米的黏土球（比乒乓球稍小一些）。

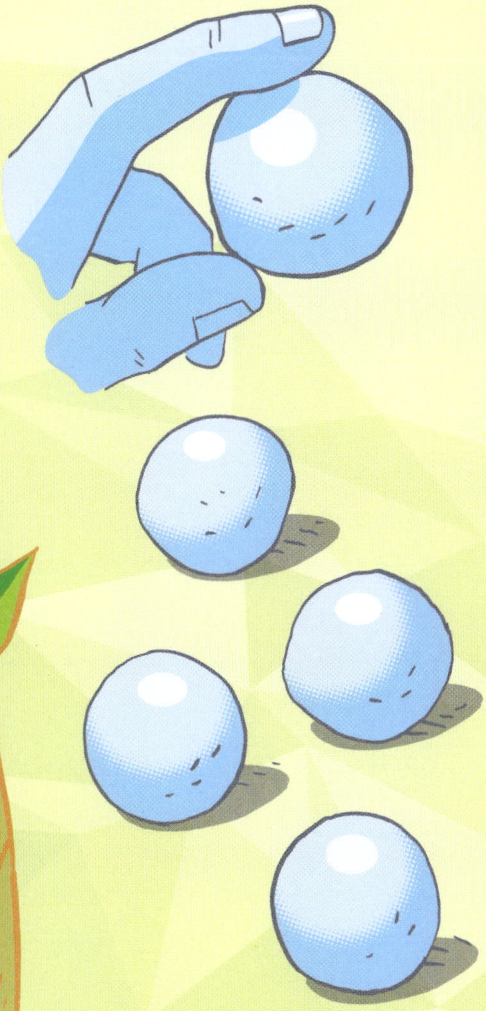

2. 将 2 摞书并排摆好，间隔 18 厘米。

3. 将 2 张硬纸板摞起来放到书上，在两摞书之间就形成了一座桥。看看纸板可以承受几个黏土球。

4. 纵向折叠 1 张硬纸板，呈手风琴状。将它放到另一张硬纸板（平的纸板）下面。看看你的桥现在可以承受几个黏土球。

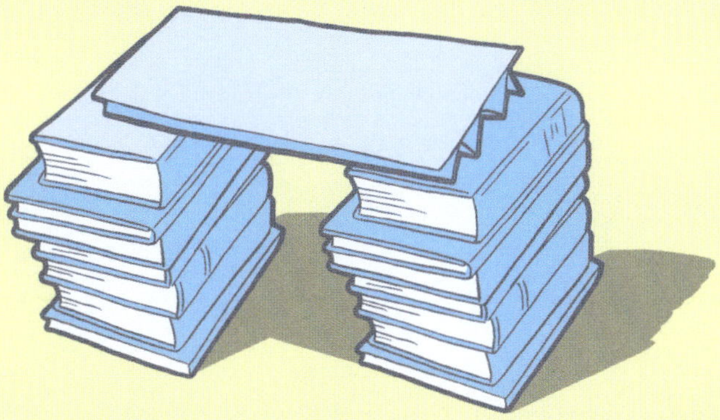

发生了什么？

当你将手风琴状的硬纸板和平纸板放在一起时，你创造的三角形，或者说桁架就可以让桥变得更加坚固。这样不用更多的建筑材料就能使桥承受更大的重量。

大自然的规则

就像人们需要遵守规则一样，大自然也需要遵守规则。例如，自然可以循环，大自然总是运用最少的建筑材料，同时大自然中充满了曲线和图案。一些建筑师在设计建筑结构时也遵循了这些规则。

一切事物都可以在自然中循环

大自然不需要垃圾桶，因为自然界中的一切事物都可以进行循环再利用。例如，秋天，地上铺满了从树上落下的树叶，这就为自然界中的回收者提供了一顿大餐。蠕虫、甲虫、蛞蝓和潮虫开始啃噬所有的落叶，将它们咬成一小片一小片的。微生物会进一步分解它们，将养分释放到土壤中。到了春天，养分被树根吸收，使树长出新的叶子。

很多建筑师都意识到废物有时也可以变成一种资源。当你知道修建房屋和桥梁都用到了哪些再生材料时，你也会感到非常吃惊的！

危地马拉圣胡安的技术教育中心，设计师巧妙地使用了汽车的旧轮胎

建筑师：漫漫回家路建筑公司

拼装房屋

英国伦敦的集装箱城二期是一组公寓，它们看起来就像巨大的乐高拼装玩具。其实，这种房屋只是将海运集装箱（一种用于海上运输的巨大金属箱子）重新利用的一个例子。这些集装箱可以被送往全世界的家庭和学校进行循环利用。一个集装箱在被使用了大约 10 年后，通常就会被丢弃，但是一些建筑师意识到这些集装箱非常坚固，比常规的建筑材料要便宜，而且还可以被排列成许多有趣的组合。

英国伦敦的集装箱城二期就是一个大规模回收利用的例子

建筑师：尼古拉斯·莱西建筑师事务所

一个陈旧的学校

现在有一个有趣的问题：学校什么时候是陈旧的？

答案：当学校的墙是由用过的汽车轮胎做成的，墙上还糊着泥巴的时候。

危地马拉圣胡安的学校的厚墙可以充当绝缘材料，白天用来降温，晚上用来防止热量流失。为了填补轮胎之间的空隙，学校鼓励学生收集使用过的塑料瓶，再用无机垃圾填充这些塑料瓶，例如塑料糖果包装纸之类的不可降解垃圾。

从垃圾到环保桥

苏格兰特威德河上的桥看上去跟普通的桥梁没什么不同。当你开车穿过这座大桥时，你可能永远不会猜到这座桥是用 55 吨的废塑料制成的。原本这些废塑料是会被送进垃圾填埋场的。

不浪费，则不匮乏

大自然尽可能不过多地使用资源。看看下面这些美丽的建筑，它们充分利用了材料和空间，就像蜂巢一样。

比蜂巢还高级的房子

大多数人的卧室都有四面墙，但是对英国牛津市一所大学的学生来说，宿舍是由六面墙组成的六边形。建筑师设计出了这些不同寻常的宿舍，是为了使一小块土地可以容纳更多的房间。同时，六边形还可以让单人房间变得非常宽敞。

英国牛津市蜂巢宿舍的六边形房间，让小空间也可以发挥很好的作用

建筑师：建筑师合伙人事务所

巨大的环保房

当建筑师需要设计出世界上最大的温室时，他们还要尽量少使用建筑材料，只有这样才能产生最少的垃圾。这件事有可能做到吗？如果你将六边形的蜂巢当作设计模型，就有可能做到。

伊甸植物园的主体建筑看上去像八个巨大的泡泡，它们也被叫作生物群落区，大部分是由无数个六边形的钢架组合而成的。最大的六边形的横截面有一根电线杆那么高。神奇的是，钢架的重量只比钢架里面的空气略重。通过使用六边形，建筑师们可以用最少的材料设计出最坚固的结构，而且给种植植物留出了充足的空间。

英国康沃尔郡的伊甸植物园也受到了蜂巢的启发

建筑师：格雷姆肖建筑事务所

一件划算的事

当蜜蜂在建造蜂巢时，它们用最少的材料造出了最大的空间。这是怎么做到的呢？那就是把蜂窝的巢室做成六边形。请你试着做下面的实验，看看它的原理。

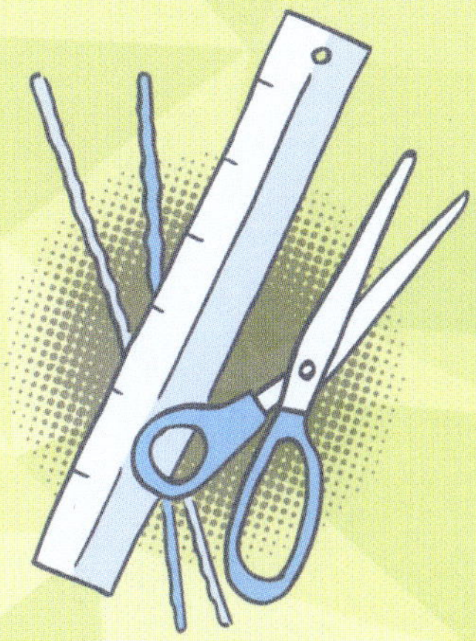

你需要准备的东西有：

· 3 根 30 厘米长的细线

· 一把尺子

· 剪刀

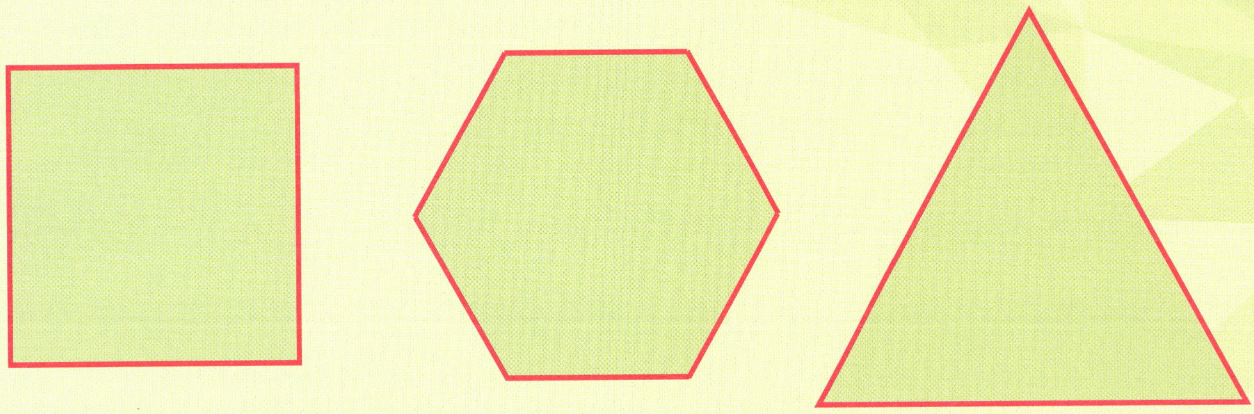

步骤：

1. 测量上方第一个图形的周长。从这个图形的一个角开始，沿着边线放线，直到起点与终点重合。尽量用线做出图形的尖角，在终点处将线剪断。

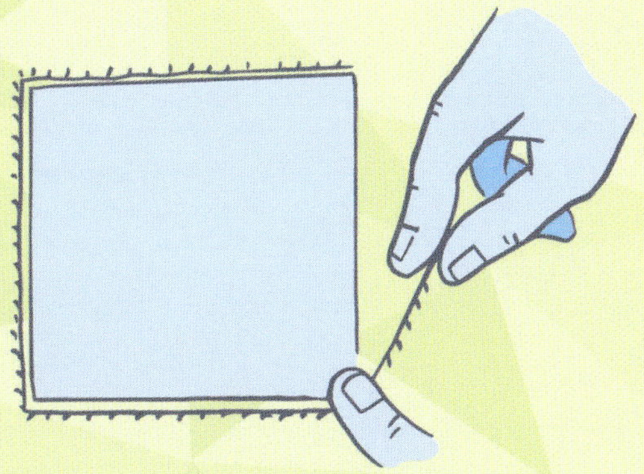

2. 将线拉直，测量一下线的长度。

3. 用同样的方法测量另外两个图形的周长。

发生了什么？

尽管上面三个图形的面积（内部空间）是一样的，但是你会发现六边形的周长是最短的。这就意味着建造六边形的蜂巢需要使用的蜂蜡最少。而且有了共用的墙壁，建造一个以上的巢室时需要使用的蜂蜡就更少了。

对蜜蜂来说，节约蜂蜡可是一件划算的事。蜜蜂腹部的腺体可以产生小鳞片或薄片状的蜂蜡。想要建造一个小小的蜂巢，大约需要 66 000 只蜜蜂，花费好几个小时来提取、咀嚼、塑造蜂蜡。哟，怪不得它们要使用这种更有效率的图形呢！

大自然的曲线

你有没有想过，大自然中到处都有曲线：蜿蜒的河流、起伏的山峦、花瓣、小鱼、蛋和鸟巢。这些只是其中的几个例子。心理学家做过一些测试，结果显示相对于直直的、尖尖的事物，人们更喜欢看弯曲的事物。他们相信这是因为大自然中处处充满了曲线。

弗兰克·盖里是一个非常喜欢使用曲线的建筑师，全世界都能看见他设计的著名曲线型建筑。他最负盛名的代表作就是位于西班牙的古根海姆博物馆。这个博物馆流畅的线条和闪亮的表面似乎可以随着日光的变化而起起伏伏，这也使它获得了“游弋银鱼”的美誉。考虑到盖里对鱼的动作和形状是如此着迷，有这样的美誉也就不足为奇了。

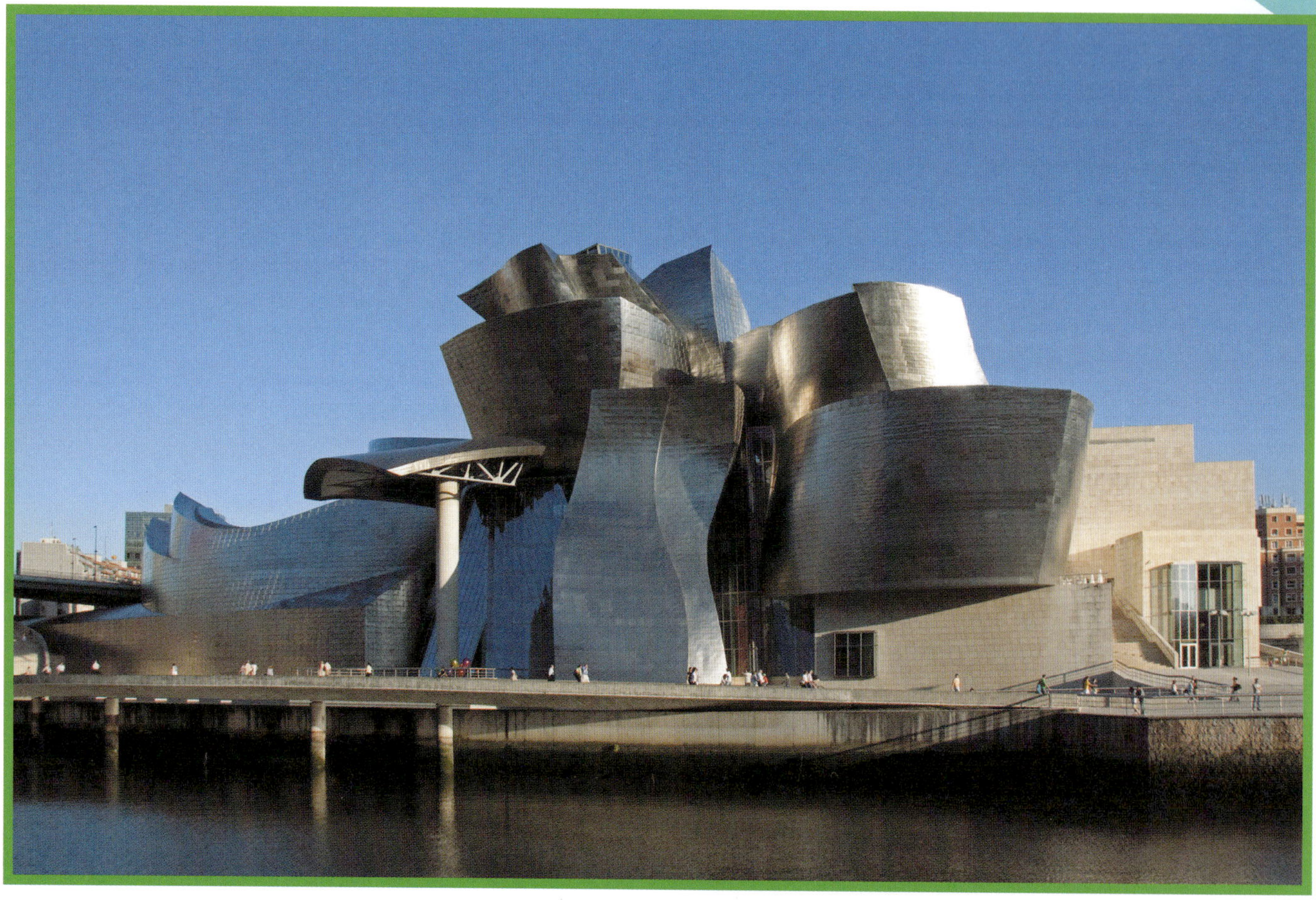

西班牙毕尔巴鄂市的古根海姆博物馆覆盖着几万块极薄的钛片，闪闪发光，仿佛巨大的鱼鳞

建筑师：弗兰克·盖里

喜欢用曲线的建筑师可不止弗兰克·盖里一位。丹麦瓦埃勒的波浪住宅位于峡湾（山间狭窄的海湾）上，它的波浪式形状完美地反映了峡湾的波浪以及周围的山地景观。

波浪住宅

建筑师：亨宁·拉森建筑师事务所

认识建筑师
弗兰克·盖里

弗兰克·盖里在加拿大的多伦多长大，当时的他可能还没有意识到，和奶奶在一起的时光会影响到他今后的职业。在他很小的时候，奶奶就带着他用零碎的木头搭建房子和城市。每周，他们会为了准备晚餐而到市场买来一条活鲤鱼。当鲤鱼在装满了水的浴缸中游来游去时，弗兰克总是对鱼的形状和动作充满了兴趣。

后来，当弗兰克成了一名建筑师后，他来到了日本，看到了在池塘里游泳的鲤鱼。它们优雅的形态给了他启迪，使他最终设计出了许多曲线型的建筑，从而体现他想展示的动态和情感。

弗兰克·盖里不同寻常的设计是从建模开始的。他会使用不同种类的材料进行建模——折叠纸板、纸巾筒，甚至电吉他的碎片。如果他对自己建的模型很满意，就会用电脑为复杂的结构绘制精准的图纸。

大自然的图案

你注意过大自然中的图案吗？下次你到室外时，仔细看看毛毛虫身上的条纹、蝴蝶翅膀上的颜色和圆蛛结的网吧。一旦你开始观察了，你走到哪儿都会看到图案！

形状内的形状

自然界中的许多图案都是分形的。分形是由许多形状与整体相同的小部分组成的。例如，如果你将西兰花分成一块一块的，就会看到每部分都像一颗完整西兰花的缩小版。分形在自然中随处可见——树、山、叶子、花、贝壳，甚至你的肺。

建筑师们使用分形已经有几个世纪的历史了，尽管分形在那时还没有名字。直到 20 世纪 70 年代，数学家本华・曼德博意识到许多自然事物上都有这种特殊的图案，于是将这些图案命名为“分形”。在此之后，研究者一直在讨论分形在建筑中普及的原因。他们意识到在很多案例中，分形的采用可以使建筑物保持牢固，同时使用的材料更少。研究者还认为分形的外观可以使人在视觉上感到平静和愉快，因为分形模仿了大自然中的常见图案。

如果你在全世界寻找分形，你会发现它们在建筑中随处可见！

● 大约 2000 年前，古罗马人建造了渡槽，把水从山谷输送到罗马帝国的城市。其中最著名的渡槽之一就是法国南部的加尔桥。加尔桥的拱门一共有三层，它们的形状相同，最上层的拱门最小。它今天仍屹立不倒呢！

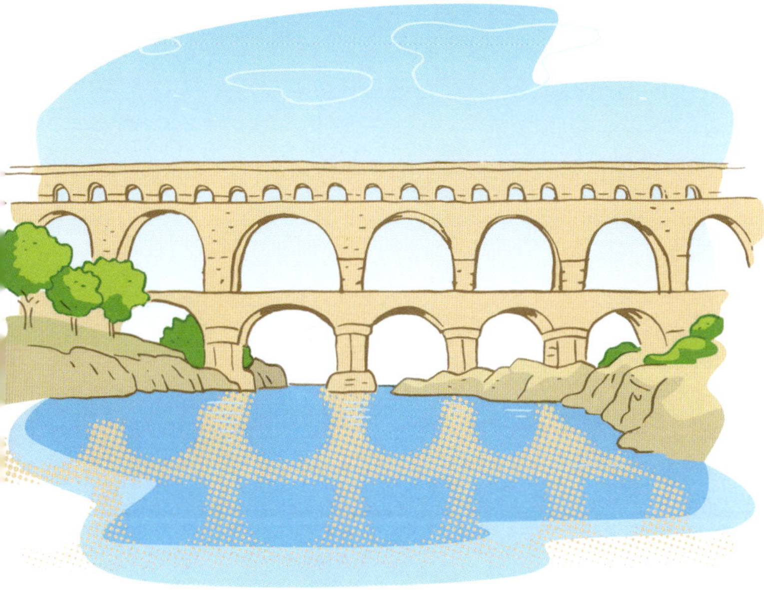

● 为了准备 1889 年的巴黎国际博览会，古斯塔夫·埃菲尔设计出了著名的埃菲尔铁塔。他面临的最大困难是确保塔不会被强风吹倒。除了建造一个宽大的底座外，他还采用了各种大小不一的镂空铁三角，让风可以从铁塔中吹过去。

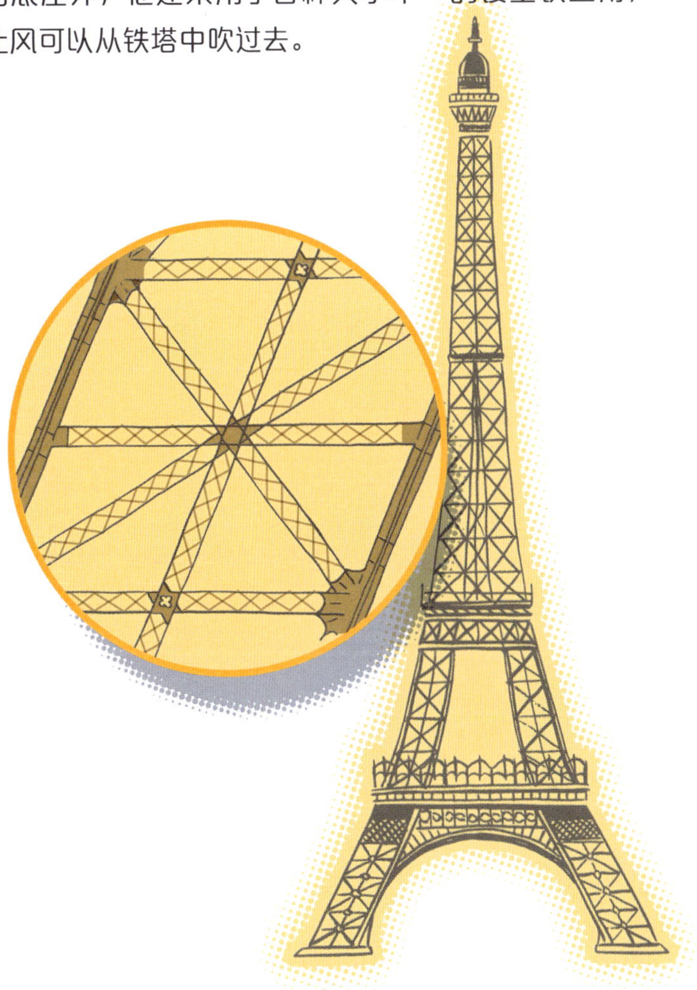

● 意大利的威尼斯城有许多有着分形结构的宫殿，所以人们有时也称威尼斯为“分形威尼斯”。在宫殿的很多拱门和窗户上，都可以看到分形。甚至有些宫殿的地板和吊灯上都会出现分形。黄金屋是其中最美丽的宫殿之一，它是由一位富商在 1420 年前后修建的。

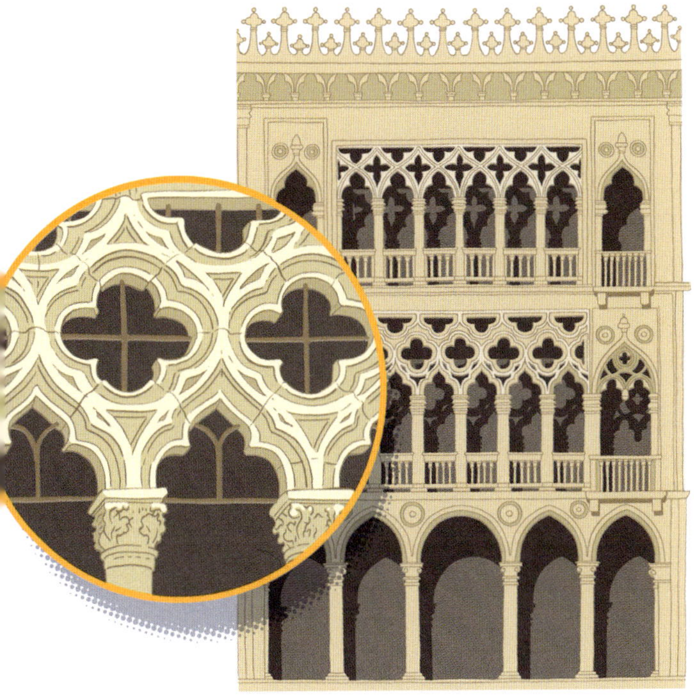

● 你在商场会发现分形吗？如果你住在埃塞俄比亚的亚的斯亚贝巴就有可能发现。那里的 Lideta 购物中心一共有 8 层，开放式的窗户和五颜六色的玻璃组成了建筑物表面的方形图案。建筑师的灵感来自埃塞俄比亚传统服饰上的分形图案。

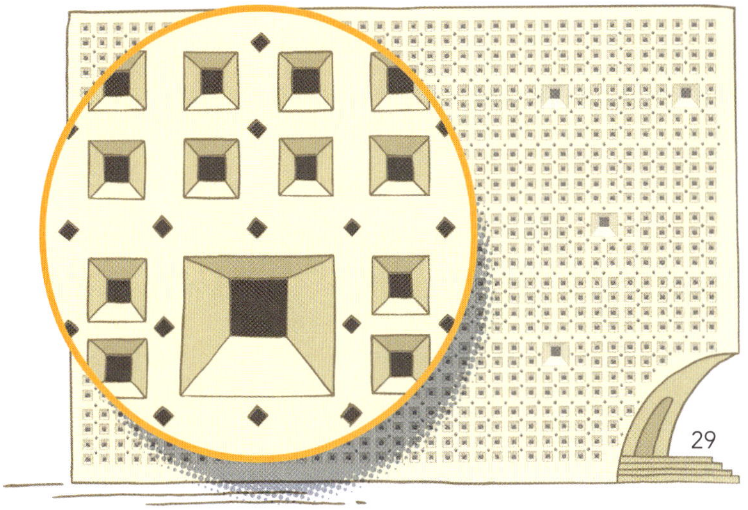

与大自然和谐共处

你可能听说过有机食物，但是你听说过有机建筑吗？有机建筑也是在大自然中“生长”的，但是与有机食物的生长方式不同。在有机建筑师设计一座房屋或一座桥梁之前，他们首先会勘测建造房屋或桥梁的土地。接着他们会根据土地周围的自然特征（例如河流、树、岩石、山川和峡谷等）做出合适的设计。

赖特的方法

弗兰克·劳埃德·赖特大概是目前来说最著名的有机建筑师。他认为建筑应该让周围的环境变得更加美丽。怎么才能做到呢？那就是使用当地的建筑材料，并保留其形状，让建筑物融入自然环境之中。例如，他认为沙漠中的房子应该与森林中的房子看上去不同。他希望他所建造的房子能与大自然和谐共处。

赖特最著名的建筑作品——流水别墅，就是这一观点的最佳例证。它位于美国宾夕法尼亚州西南部的森林中，建在瀑布和湍急的溪流上。别墅的大露台模拟了房子下方岩壁的样子，粗糙的石墙似乎马上就要钻出地面了。

赖特还认为自然光也是建筑物必不可少的一部分。人们通过房子的大窗户可以感知随天气和季节变化的光线。这也是让人们在日常生活中更接近自然的一种方式。

奇怪的方法

有机建筑师哈维尔·塞诺西安也认为建筑结构应该反映自然。他设计的许多色彩斑斓的建筑物都可以让人联想到蛇或两栖动物。其中一个例子就是墨西哥蛇屋。

正如塞诺西安的许多设计一样，住在墨西哥蛇屋就跟住在一条巨蟒的肚子里一样。墨西哥蛇屋的房间有很多弯曲的墙，特制的沙发和桌子都是与墙壁连在一起的。你想不想住进塞诺西安设计的房间中？

宾夕法尼亚州的流水别墅，是一座矗立在瀑布上的房子

建筑师：弗兰克·劳埃德·赖特

可以“移动”的建筑

一些有机建筑师的灵感来自他们从大自然中观察到的运动和变化。

拿西班牙建筑师圣地亚哥·卡拉特拉瓦举个例子。当他要为密尔沃基美术博物馆设计一座新馆时，他受到了博物馆附近湖边正在运动的事物的启发——尤其是飞翔的小鸟。

于是他就设计了一个巨大的大厅，这个大厅有着非常高的玻璃屋顶，还有一个可移动的遮阳翼板，看上去就像一只准备起飞的大鸟。尽管这个大厅非常重，还有着像波音 747 飞机一样的翼展，但是遮阳翼板仅用几分钟就可以打开或关闭，而且几乎不会发出声响。卡拉特拉瓦还曾学习过如何成为一位工程师，这大概也对他完成这一著名设计有所帮助。

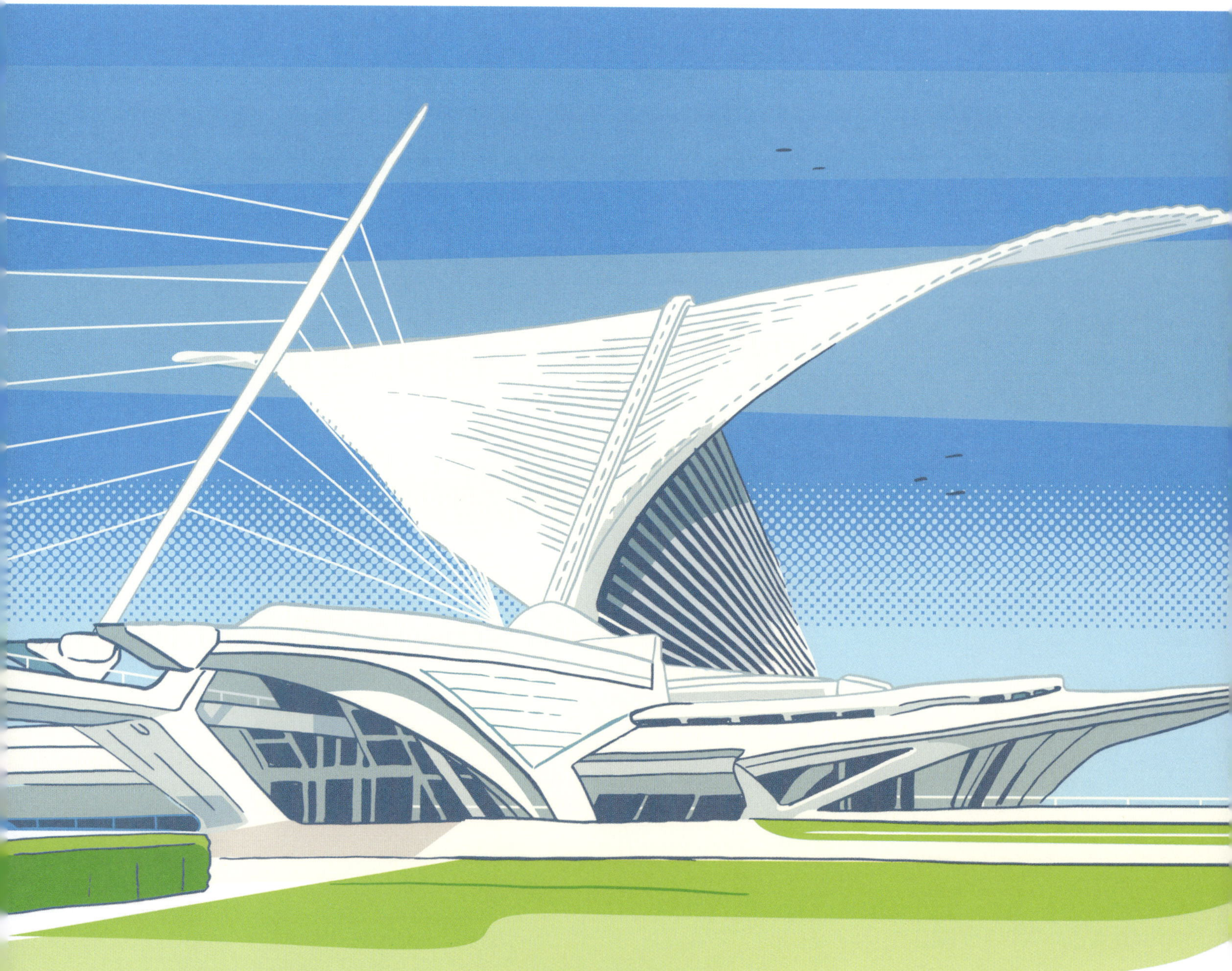

威斯康星州的密尔沃基美术博物馆的顶端看上去像一只大鸟

建筑师：圣地亚哥·卡拉特拉瓦

西班牙翁达罗瓦的波多黎各大桥是一座车辆和行人共用的桥

建筑师：圣地亚哥·卡拉特拉瓦

尽管卡拉特拉瓦设计了很多房子，不过他最著名的作品是一座从大自然中获得灵感的桥。

很明显，西班牙北部的波多黎各大桥与它周围的自然环境有一定的关系。这座位于翁达罗瓦港口的拱桥模仿了它所跨越的海港的曲线和小镇周围的群山。如果你站在桥梁的巨缆上伴着自然光观察整座桥，你可能立刻就会想到鱼的骨架。

很多由卡拉特拉瓦设计的桥，比如加利福尼亚州的日晷桥，都是用高耸的桅杆和钢缆建造而成的。日晷桥长长的流线型结构给人一种正在运动的感觉，就好像一只飞翔的鸟儿。而且这座人行天桥还有一个很酷的特点，那就是它的桅杆就像一个巨大的日晷，可以在大桥北端的花园中投下一个影子，从而显示时间。

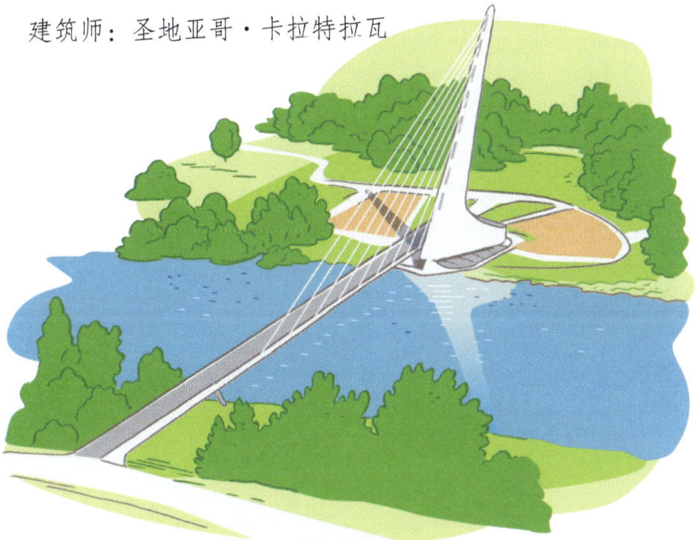

加利福尼亚州的日晷桥一根桥墩都没有，目的是保护大桥下萨克拉门托河中鲑鱼产的鱼卵

建筑师：圣地亚哥·卡拉特拉瓦

奇特的想法！

在印度的东北部，一些居民会用还在生长的印度榕的树根编织成大桥。这种树在地面上还有次生根，所以即使被编织到了一起也能在河流上方继续生长。有些桥已经超过 100 岁了！

你的设计时间

你可以开始设计自己的房子或大桥了。如果想要获取一些灵感，你可能需要看看下面这些来自大自然的创意。你可以拿出一根铅笔和一张纸，开始你的设计；也可以在得到父母的允许后使用一个免费的网络设计软件，例如草图大师。然后就随意发挥你的想象力吧！

- **莲花**：这种美丽的花有很多种颜色——白色、粉色、红色、蓝色和紫色等。它生长在污浊的池塘底部，但是开放在水面上的花是干干净净的。

- **龙舌兰**：因为生长在干旱的环境（也就是极度干燥的环境）中，龙舌兰需要尽可能多地收集水。它槽形的叶子可以直接接住雨水，再将所有雨水汇集到植物的中心和根部。

- **犰狳**：犰狳是一种小型哺乳动物，它有着角蛋白做成的防御性骨板和鳞板。角蛋白也是人类指甲的组成物质。骨板和鳞板组成了若干个带状物，这些带状物可以像铰链一样工作。当犰狳的生命受到威胁时，这些带状物可以让犰狳缩成一个球。

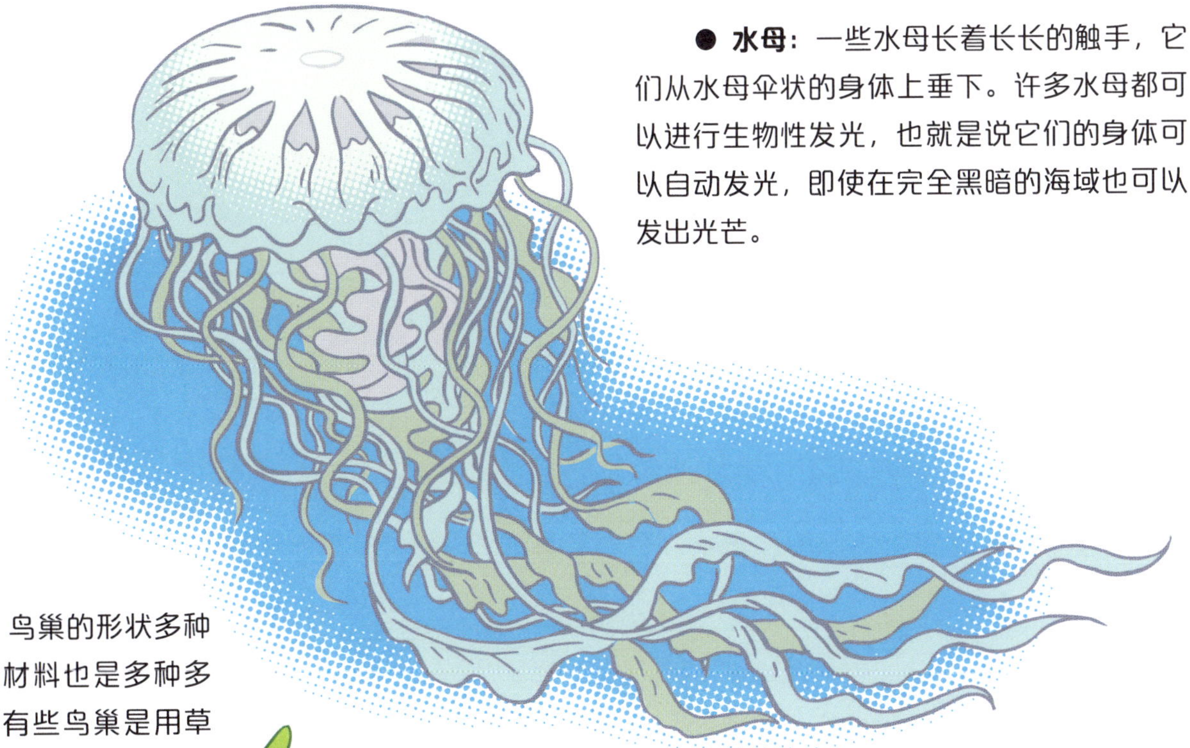

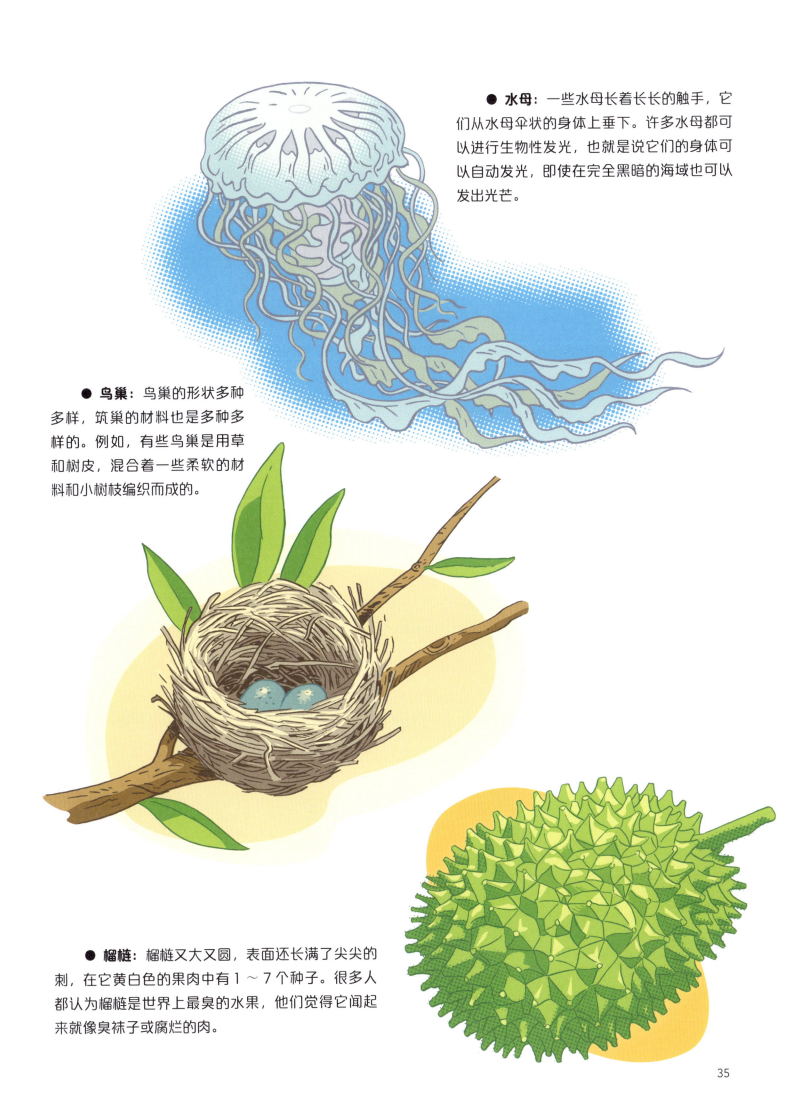

● **水母**：一些水母长着长长的触手，它们从水母伞状的身体上垂下。许多水母都可以进行生物性发光，也就是说它们的身体可以自动发光，即使在完全黑暗的海域也可以发出光芒。

● **鸟巢**：鸟巢的形状多种多样，筑巢的材料也是多种多样的。例如，有些鸟巢是用草和树皮，混合着一些柔软的材料和小树枝编织而成的。

● **榴梿**：榴梿又大又圆，表面还长满了尖尖的刺，在它黄白色的果肉中有 1 ～ 7 个种子。很多人都认为榴梿是世界上最臭的水果，他们觉得它闻起来就像臭袜子或腐烂的肉。

真实的案例

你想不想知道，34 页和 35 页中的自然生物特性是如何被运用到真实的建筑结构中去的？一起来看一看吧！

中国武进的莲花馆

建筑师：505 工作室

莲花馆看上去像一朵漂浮在湖面上的莲花，但其实它是一个会议中心。那么要怎么进入莲花馆呢？你需要穿过一条从地面通往地下的隧道！

美国得克萨斯州的世界观鸟中心

建筑师：Lake/Flato 建筑事务所

观鸟中心的曲线型金属屋顶就是以龙舌兰的叶子为模型设计出来的——它可以在干旱的环境中尽可能多地收集水。屋顶上的沟槽可以将雨水引入管道，并运送到大水箱里。这些水箱一次可以储存 177 914 升水——足以填满一个教室！

苏格兰格拉斯哥的苏格兰展览和会议中心

建筑师：福斯特及合伙人建筑设计事务所

这个造型独特的会展中心有许多可以用于展览的空间。当地人把这个建筑物称作“犰狳”，他们这么叫的原因显而易见。虽然会展中心的钢制屋顶无法像犰狳一样缩起来，却像犰狳的保护性骨板一样坚固。

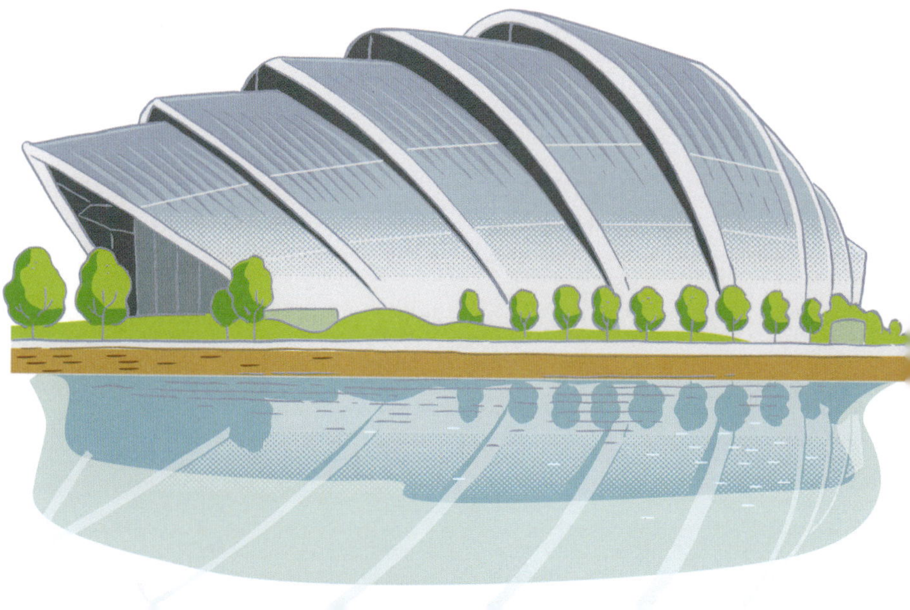

西班牙巴塞罗那的 TIC 媒体中心

建筑师：Cloud 9 事务所

这座环保的大楼有许多节约能源的设计，其中一个就是受到了水母的启发。主楼正面的金属部分涂有发光油漆。白天，油漆通过吸收太阳能“充电”；夜晚，太阳能就被释放出来，使大楼散发出环保的光芒。

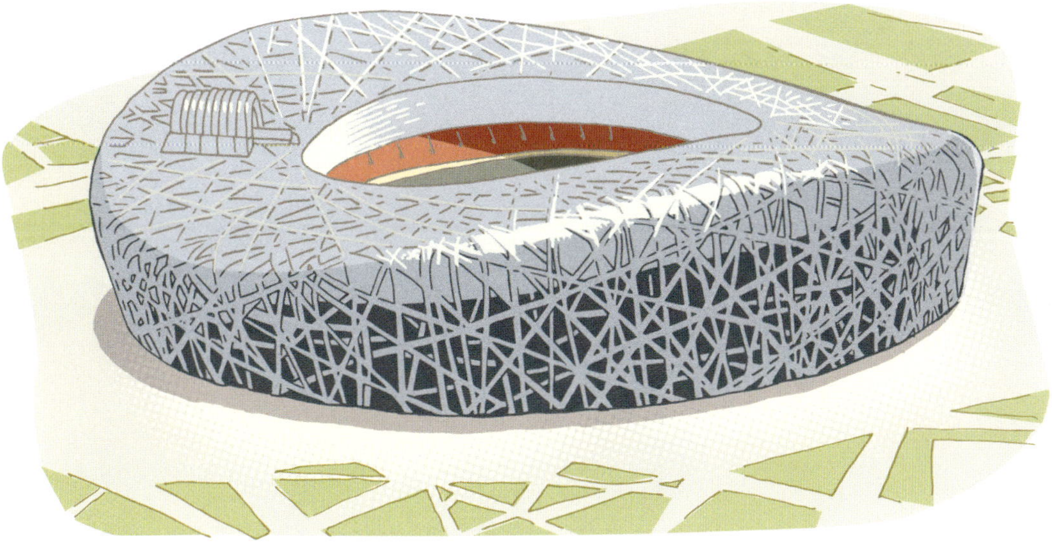

中国北京的国家体育场（鸟巢）

建筑师：雅克·赫尔佐格、皮埃尔·德梅隆

这个巨大的体育场是为了 2008 年中国北京奥运会修建的，它需要有防震功能。当建筑师们设计完了交错的钢网，给予了体育场所需要的支撑力时，他们意识到他们创造出了一个类似鸟巢的建筑结构，于是他们就用“鸟巢”给这个体育场命名了！

新加坡的滨海艺术中心

建筑师：DP 建筑师事务所

为了防止内部温度过高，这个新加坡的艺术中心采用了近 5000 块可移动的三角形遮光板。它又名“榴梿艺术中心”，因为它看上去像一个榴梿。

未来是属于你的

如果你是一个富有创造力的人，而且喜欢解决问题，也许将来你会成为一名建筑师、设计师或者工程师。如果将来你真的成功了，别忘了到大自然中去寻找灵感，大自然会帮你解决很多设计上的难题。难题的答案可能会像彩虹般令人惊叹，或者像蚊子一样恼人，或者像一颗种子那么渺小。但不管答案是什么，你都需要去了解它的功能或工作原理。如果答案是一只动物，你可以看看它是如何运动的，如何吃喝的，如何防御敌人的，甚至是如何排便的。

与此同时，你还可以在大自然中寻求它的自然法则——循环利用、使用最少的建筑材料、使用曲线和图案。当然了，只要你懂得自然的美丽，就能让你建造的房屋或桥梁与周围的景色相协调。

但即使你不想成为一名建筑师、设计师或者工程师，你也可以睁大自己的眼睛、放飞自己的想象，去寻找那些能启发你的灵感。你永远不知道你会从中获得什么！

术语表

触手：一种长长的、细细的、灵活的“肢体”，用于触摸、抓握或移动。

地基：支撑建筑物的基础。

仿生：模仿生物体以及生物体的生命现象与过程等。

分形：每个小部分的形状都与整体的形状一模一样。

腹部：肚子。

桁架桥：一种用三角形结构作为支撑的桥。

化石燃料：在地球内部发现的燃料，如煤、石油和天然气。

建筑师：设计房屋和桥梁的人。

巨缆：一种由金属线缠绕在一起形成的粗绳子。

巨人柱仙人掌：一种高高的、长着枝干的仙人掌，它们通常生长在美国西南部的沙漠中。

冷凝：水蒸气从气体变成液体的过程。

两栖：在陆地和水中都可以生存。

生物群落：生活在某一区域内的全部物种及其相互作用、彼此影响所构成的整体。

桅杆：用于支撑船帆的高杆。

卫星接收器：一种碗状的设备，用于接收绕地球轨道运行的卫星发射的信号。

污染物：使空气、水或土壤变得不干净的物质。

宿舍：可以集中管理的给工作人员或学生等居住的房子。

有机：与生物体有关的或从生物体来的物质。

图片来源

第 11 页：保健科学教研大楼位于亚利桑那州的凤凰生物医学园区 图片归属：Bill Timmerman

第 13 页：“小黄瓜”大楼 图片归属：CEphoto, Uwe Aranas

第 14 页：墨尔本的市政府 2 号办公楼 图片归属：deadlyphoto.com / Alamy Stock Photo

第 18 页：旋转太阳房 图片归属：WENN Ltd. / Alamy Stock Photo

第 23 页：危地马拉圣胡安的技术教育中心 图片归属：Genevieve Croker, Long Way Home

第 26 页：古根海姆博物馆 图片归属：Tony Hisgett